不動産屋は見た!

部屋探しのマル秘テク、教えます

原作・文　朝日奈ゆか
漫画　東條さち子

はじめに

不動産業界の現場は時代の写し絵

不動産屋の友人は、日々「現場ノート」を記している。ノートの片隅には、良いことがあった日は☀、悪いことが起こった日は☂のマークが記されている。マークの個所をパラパラ～とめくると、8割ほどが雨。雨時々雨のち雨。たまに、雷のマークがある。これは何を表すのか？ とたずねると「ああ、事件事故」という短い返事が。事件事故!? キミは刑事か？ いな、不動産屋である。

不動産の現場はヒトの暮らしの大舞台。そこでは、小説や映画などよりはるかに生々しいニンゲンドラマが刻一刻と展開されている。そして、友人の最大の悩みのタネは「事件事故物件の急増」だ。

ここ数年、マンションやアパート、一軒家で起こる事件、事故、変死、自殺、孤立死のなんと多いことか。これらが起こってしまった部屋について不動産屋は、新しくその部屋を希望する人に「いわく付きですね、この部屋」と説明する義務がある（4話「事件や事故があった部屋～」P.36～ご参照）。

女性を狙う犯罪、ペットトラブル、騒音地獄、ニュースにもならない悪質な強盗、窃盗……などの問題も陰湿さを増し、時に取り返しのつかない悲惨な事件に発展する事態は、もうヒトゴトではない。おひとりさま暮らしは不安が満開だ。

一方で、ワタシたち庶民は不動産というものには強いストレスを抱えて生きている。学生からお年寄りまで、部屋の選択や契約に際し、また生活のうえでも、ニッポンの住宅事情によってかなりガマンを強いられているという現実がある。

かくいうワタシも、20年余の賃貸引っ越しマニア組。大阪と東京のビジネス街で、事務所を、自宅を、何軒もの賃貸マンション、賃貸ビルを探し移ってきた賃貸遊牧民である。仕事の関係で「子どもと学生の部屋研究」を続けているが、そのプロセスや経験から、マイルームとは、前向きに生きるための拠点だと実感している。

遊牧民なりに、事務所と自宅には必死のパッチで投資をしてきた。その結果得たものは、**9割の失敗経験の山**（アコギな業者との接点を含む）**と1割の教訓**、さらに、**「信頼できる」不動産のプロの友人**たちである。

その友人たちのチカラを借り、本書では、彼女らが不動産の現場で見た「いつでも誰の身の上にも起こりうる事件」を赤裸々に紹介し、トラブル解決の具体策と生活の教訓、さらにはカシコイ賃貸術からアコギな業者の見抜きかたを提案したい。

ここにある事件はすべて、彼女らが見た、本当にあったドラマである！

朝日奈ゆか

不動産屋は見た！

部屋探しのマル秘テク、教えます

CONTENTS

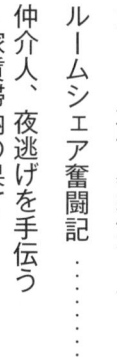

善良なる

不動産屋さんのふたりが指南!

お客さんの部屋探しに親身になるふたりのずっこけ不動産事件簿。
大阪と東京から登場、物件トラブルの解決に奔走する。

東京

大阪

日吉吾郎＝日吉クン

東京は渋谷のビル群の一角にある不動産屋「東京ヒヨシスタイル」の社長。親の会社を継承して7年目。地方から東京に来る学生や社会人1年生たち若い世代、20代～アラサーの賃貸入居者の仲介が多い。身長180センチの長身、若く見えるが42歳。2枚目半キャラ。気遣い派。部屋を選ぶセンスがよく、お客さんの希望条件へのポイントをついた提案、アドバイスが得意。

安住良子＝安住はん

大阪は心斎橋に古くからある地元密着型の老舗「猛虎不動産」の役員。仲介、売買のほか、マンション、ビルを多数管理する。ミナミではカオもドスも利き、街の情報に精通している。60歳、身長145センチ、おもしろトーク、おせっかいな人情派で女性客からの信頼が厚い。阪神タイガースの大ファンで、私設応援団「猛虎魂会」の仲介長を務める。阪神が負けると機嫌が悪い。

1章 事件です！……通報しました

1話 ドロボーはコンビニが好き

↑阪神連勝中
フンフン♪
フン
阪神？
…で
どんな部屋をお探しで？
えっとー
デザイナーズでー
タワー系でー
駅近でー
コンビニの近くの
オシャレなトコを
…5万円で
あるかーーーい!!
…あ
いや
ゴホン
その中でも
特に譲れない
条件は何ですか？
ひとり暮らしで
帰りが仕事で
遅いし
うーん
駅近とコンビニが
ポイントかなー

うーん
パラ
パラ
パラ
予算的にねーー
あ！ 女性のおひとりさまの場合
セキュリティー面も大事ですよーー
セキュリティーー？
あー平気平気〜
私に限っては〜
それよりオシャレで駅近紹介してよオバサーーン
…オタクさんなー知らんで〜あとで泣いても
結局ミヨコが選んだのは
駅から15分かかるがオシャレなこの物件の３F
Morson
駅からはちょっと歩くけど
コンビニはすぐそばだし満足度は高い
道も人通りが少ないし建物の形状も安全とは言えませんよー
ホンマにココに決めはるんですかァ？
不動産屋のオバチャンはああ言うてたけどー

あれから半年
たつけど
何もないしー
平気
平気ー
えーと
お弁当に
おやつとー
あーガンモ
くださいガンモ
ガンモ!!
ありがとうございましたー
…
ガチャ
バタン
ただいまー
カメックス
ガサッ

気のせいか…
もう――‼
ブン
ブン
あの安住とかいう
オバチャンのせいで
過敏になりすぎやで
ガシャー
なっ…
何⁉

ゴロッ
ん〜〜
ん〜〜！
ガサ
ガサ
静かにしろっ
騒いだら殺すぞっ!!
おい!!
今から隣のコンビニで金をおろしてくる
もし間違った番号を言えばすぐ戻って来てお前を殺す!!
暗証番号は？
〜〜
いいか!! すぐ戻るからな!!
一歩でも動いたら殺すぞ

バタン!!
危ないトコはやめときー
セキュリティー面は大事やでーー
あのとき
うっ
うっ
あのオバチャンの言うことを聞いてれば
まさか私がこんな目に
こんな…
しーーん
びっくり返るカメックス
冷めるガンモ
カチコチ カチコチ…
チャララ チャララ ララ
チャララ ララ
戻って来ない…
もう逃げたんでは?
がばっ!!

ファン
ファン
ファン
またコンビニキャッシング強盗か～～
おねェちゃん命があって良かったねぇ
またって…
この手の犯罪は
ああ、多いんですよね毎日のように通報があります
逃げた男は明日もどこかで同じことをしますよ
主任!!
犯人の足取りがわかりました
コンビニのあるビルの屋上から
ベランダごしに侵入して来たようです!!

はひ
はひ…
うむ!! 実にカンタンな仕事やったな!!
な…なんちゅーコト
言わんこっちゃない
ココは危ないからはよ避難しよ
ハイ…
すぐに引っ越し先を探してください
今度はできるだけコンビニから遠い部屋を…

コンビニで待ちぶせする犯罪野郎

物件を案内してもらうとき、不動産屋は必ずと言っていいほど、「コンビニが近くにあります！」と、それがさもメリットであるかのように叫び続ける。が、ちょっと待った！

　コンビニ近くのワンルームマンションでは、女性のひとり暮らしを狙った犯罪が多発しているのだ。なぜに⁉

「かわいいコや頼りなさそうな女のコ、子どもを待ちぶせして、あとをつけて性犯罪や押し入り強盗をする例はいくらでもあるのよ。出入りのおまわりさんがいつもぼやいてますわ」と安住はん。

　特に性犯罪者の場合は、夜遅くにコンビニでひとり分の弁当を買っている女のコに狙いを定めているとか。家が近いとなれば、襲いやすいってなもんだ。おねえちゃん、見られてまっせ！

　ミヨコの場合、オッシャレーな暮らしだけに気をとられ、安全面を無視した女子がひとり暮らしに慣れた頃に遭遇したドツボ事件だった。「慣れ」ほどコワイものはない。安住はんはこう忠告する。

「マンションでキケンな場所？、せやねえ、入り口に着いたとたんに気が緩むからね。帰宅したところから説明しよか。

　まずは駐輪場と駐車場。見通しが悪くて狭いところが多いでしょ。自転車のカギをかけるためにしゃがんだところでまず**襲われます**。次にメールボックス。郵便物があふれていると、留守やひとり暮らしがばれて『狙いやすい部屋だ、ひっつひっつひっ』とばかりに、**襲われます**。

ひと晩中明るくて落ち着かない
バイクの音泣き声にケンカの声!!とにかく騒音が絶えない!!
隣のコンビニに強盗が!?もしかしてウチにも・・・
つぶれたコンビニも不良のたまり場に・・・
コンビニまわりは不安がいっぱい!!

オートロックの入り口を開けるときや廊下を歩いているとき、後ろから人がついてきて、**襲われます**。そのままエレベーターになだれこんで、**襲われます**。ナイフ持ってるでー。

家の玄関、これがいちばんアブナイ。カギを開けているときに背後から押し込まれて、**襲われます**。

妙な気配がしたら、くるっと振り向いて『なんか用事でっか？』と威圧するぐらいのパフォーマンスが必要よ。暮らしに慣れるにしたがって防犯意識は薄くなるからね。自分の身は自分で守ってや！」

人災は、忘れた頃にやってくる。

コンビニの至近距離の物件を選ぶ場合は、強盗犯の視点で（どんな視点や？）屋根、壁、ベランダを伝って侵入されそうな立地ではないかをチェックすべし。

この世の中、ミヨコと同じような経験をして死ぬほどコワイ目にあった場合でも、ニュースの二にもならない事件は非常に多いのである。強盗撃退は防犯から。

【教訓】

コンビニは、24時間、ドロボーも使える銀行だと心得る

2話 部屋から下着がなくなる…犯人はあのヒトだった!

うっ
何か あったのかな
あの…よければすぐにでも決めたいんですが
かしこまりました こちらへどうぞ
…
ガタン
えーと場所的にはどのあたりをご希望ですか?
…
…では間取りとか広さとか
あと職場はどちらですか?
…
ポリポリ
…
…職場も今住んでるところも渋谷なんですが…
引っ越し先はどこでも…できるだけ遠くへ…
ポロ
…ごめんなさい…

今の部屋で何かあったんですね
じゃあ次はそうでないところを探しましょうね
は…ハイ
合カギを他のヒトが持っていない部屋なら…どこでもいいです
えっ
どういうことですか？
仕事から帰宅したら
どうもモノの位置が変わっているような気がして…
それによく細かいものがなくなるんです
最初は気のせいかと思ったけど…
部屋にヒトが入って来てるんです
勝手にカギを開けて
そんな…
よくお客さんが来るとか？
ないです!! 仕事で忙しいし
…彼はいないし友だちが来たときはワタシがずっといっしょだったし…
じゃあどろぼう…!?
カギは？ちゃんとかけてますよね!?

女性限定の
マンションなので
安心していたのですが
もちろん玄関も
ベランダもちゃんと
カギはかけてます!!
それに大家さん
にも言って
一度カギを
取り替えたんです
それでも
数日するとまた
小さいものが
なくなってて…
下着とかも
で、友人に
相談してみたら
隠しカメラを
設置してみたら
と…
設置したの
ですね？
犯人が
…わかった？
ゴク
カタ…

ソ…
ビク
ビミョーに位置がずれてる…
誰かいる!!
ドキドキ
…
バタン!!

誰もいない
ホッ
ジー
ジー
ガバッ
ガシャン
…
やっぱり!!
ジー
ジー
ああっ…
ジー

今どきの若いコは…
ヘッヘッヘッ
大家さん…⁉
警察には届けましたか？
いいえ そんな…
大家はウチのマンションの最上階に住んでいるんです
いつ帰宅したかどうかも見られてるかも…
下手したら何をされるかわかりませんし…
だから…通報するなら引っ越ししてからにしようかと…
ドン
ダメです‼

すぐに電話してください!!
今日殺されたらどうするんですか!!
こういうときはキモチを強く持たないと!!
泣き寝入りしてはダメですよ
あーだこーだ…
映像という証拠があるから大丈夫ですよ！
は、はい…
か、か、かけます…
そして警察はすぐに部屋まで来てくれることになった
あ、あ、あとでまた来ます
帰らなきゃ
安全で大家さんのいないマンションを探してください
しっかり伝えて下さいね
だいたい〝女性限定〟物件は大家が神経質で干渉するタイプか
オンナ好きが多いんだよなー
さてと探すとするか…
カタカタ
防犯カメラがあって大家が住んでないマンションはと…

犯人は大家、大家の息子 管理会社の社員、 前の住人……。モラルはどこへ。

犯人は大家だった――。

なんとも恐ろしい防ぎようのないこの事件、責任者出てこーい！

彼女が、隠しカメラを設置したのは大正解だった。証拠があるということで警察がすぐに動き、大家は逮捕されている。

「部屋のモノがなくなる」というだけでは、警察はなかなか動いてくれない。「彼氏とか友だちとか、家族じゃないの？」と、まずは身内縁者から疑われる。

別の事件では、「**犯人は大家の息子だった**」という例もある。親である大家はうすうす気付いていたが、無職で引きこもりの息子に問いただすことはおろか、何もできなかった、というケース。複数の部屋から、現金と下着を盗んでいた。

他にも「**犯人は管理会社の社員だった**」という事件、さらには「**犯人は前の住人だった**」なんてこともある。新しい住人が若い女性だという情報をゲットして、バスルームや部屋に隠しカメラを仕掛けていたというパターンも。どれも自分の立場を利用した悪質な事件で、被害にあった女子はたまったもんじゃない。

マンガの一件は、レディースマンションでの出来事だった。「女性専用」と聞くと、本人も家族も安全かと思いそうなものだが、トンデモナイ。かえって狙われやすく、盗撮カメラや盗聴器が見つかることは実によくあることなのだ。

防犯カメラは、素人でも簡単に取り付けられるものが日用雑貨店や通販ショップで、1万円以内でたくさん揃っている。ヘンだと思ったら面倒がらずに設置を！家族や友人、上司、警察などに相談する、デジカメで記録しておくということも大事だ。証拠になるからね。

これらの事件は、痴漢にあって泣き寝入りするのと同様、怖くて通報できない女性も多い。が、犯人を放っておくとまたやって来るぞ。いざ、通報！

日吉クンはこうアドバイスする。

「合カギは、家主、管理会社は確実に持っています。契約時に必ず『カギは交換したのか』『誰が何本、この部屋の合カギを持っているのか』を確認し、メモしてください。『しっかりした人だな』という印象を与える効果もあります」

それに、過去に大家と相性が悪かったというトラウマを抱えている人も多い。『大家がいない分譲貸しタイプ』を選ぶといいですよ」と日吉クン。カギの取り扱い、セキュリティーなど、管理の意識が低い住宅からはすぐに引っ越しを！

【教訓】

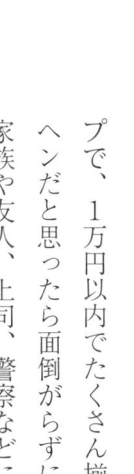

大家や管理会社といえども、安易に信用するなかれ

3話 また貸ししたらマリファナ部屋に

大丈夫ですか
モモコさん!?
あ…あ…
あわわわ…
ぎょっ
誰!?
化粧がとれてる…
へっ部屋に
何かあるのか!?
サッ
開けますよ
モモコさ…
サ
ザッ
ジャマ
しないで
くださいよ!!
だってぇ〜
ワタシじゃ
ないんです〜
ワタシがやったんじゃ
ないんです〜
シャッ
パッ

マリファナ!?
ひえ〜〜
なぜ!?
違うんです
ワタシじゃないんです〜
また貸ししてたら知らないうちにこんなことになっちゃって
また貸し!?ダメですよ
転貸は違法なんですよ
ゴメンなさい ゴメンなさい
…彼氏ですか?
いいえ…その実は飲み屋で知り合ったよく知らない男で
彼女〜 おこづかい欲しくなーい?
えーヤダ あやしい〜
あやしくないよー ボク今部屋を探しててさ〜
でも保証人いないし〜 部屋が借りられないわけー
仕事はフリーのデザイナーでェー
あー家賃20万円でも出すんだけどなー
二十万
アタシの部屋また貸ししたらおいしいかも

貸してもいーよぉ
二千万なら
ホント!? 助かるよー
…でも最近お金が入らなくなって、連絡もとれなくて
見に来てみたらこんなコトにー
なんというあさはかな…
通報
してください!!
ハイご苦労さま不動産屋さんは帰っていいですよ
この部屋の借り主はアンタ？
署までご同行を
ちょっと…
ええ〜〜っ!?
その後、オトコは前科者で逃亡中だったことが発覚
ファン ファン ファン
モモコさんは犯罪に加担したカドで取り調べを受けているそうです

出来心の「また貸し」で運尽きる

「ちょっとだけお小遣い稼ぎにぃ」と見知らぬオトコに「部屋のまた貸し」をしたモモコ。軽いキモチで悪気はなかったとしても、先のことを考えない、ただのアホ。運は尽きた。日吉クンは嘆く。

「また貸しをはじめ、入居の目的を違反するヒトたちってね、バレたときにはたいてい『たいしたこととちゃうやろがっ』と捨てゼリフを吐くんですよ。ふぅ」

フリーターや水商売、定職につかないヒトは収入が不安定、保証人がいないなどの理由で審査に落ちることが多い。そのため、これを逆手に、たかーい家賃でマンションの一室などをまた貸しするヤカラがいる。これ、業界用語で「転貸（てんたい）」という。

このやりかたはマンションの管理規約違反であり、バレたら即、出ていけ～っと退去を言い渡されることになる。

なぜまた貸しが禁止されているのか？　はい、モモコのようなアブナ～イ事件に発展することが多く、そうなるとマンション全体にわる～いウワサが立ち、他の入居者は大迷惑、引っ越す人もいるし、次の入居者は見つからないし、家主の打撃、損害は計り知れないからなのだよ。

それに、モモコはいつのまにかオトコに誘い入れられて、マリファナ栽培&売人の共犯にされていたかもしれない。犯行場所はモモコの部屋となるわけだから大罪でっせ。現にモモコはその後、「犯罪を助長した」と言われて警察でこってりしぼられている。

クレジットカードが使用不可になった、前科があるなど何らかの事情を抱えるオトコが、オンナに部屋を借りさせて違法な商売をするパターンは多い。オンナが犯罪に巻き込まれる可能性は高いのだ。

ドラッグ売買の拠点、闇金融や違法風俗の店、違法映像の撮影場所、暴力団やカルト教団の事務所、違法賭博場、電話だけでヤバイ仕事をする連中などなど、ヤツらは常に、他人の名義で借りられる部屋を探している。そして、バレそうになればすぐに次の場所へ移転する。

貸すほうも、名前や権利を他人に貸してカネを稼ぐなど、自分そのものを売っているのと同じこと。たとえ何らかの事情で困っている友人知人がいても、名前を貸すとなれば相手のすべてに責任を取る覚悟が必要だ。ピシッ。

それにしても不動産屋さん、刑事のごとくドアに足をはさんでオープンザドアをするとは、ツラかろう。真面目にやれば因果な商売ですなぁ。

【教訓】

名義貸し　気付けば自分も　犯罪者

4話 事件や事故があった部屋＝ブラック物件、急増中!

(株)猛虎不動産
世の中、事件事故だらけ……物件もまた、その舞台となることが多いのです。
♪ろーっこぉおろーしにィ♪
カキーン
おーっと○○打ったー大きいホームラン!!
キャー
逆転や逆転ーー!!
ガラガラ
あっヤマちゃん
ええトコに来た!!
今阪神がホームランで逆転したで!!
ハアーー

よもや、心理的瑕疵物件に!?

自殺!?

心理的瑕疵物件とは、自殺、殺人事件、無理心中、放火、孤立死、暴力団事務所、カルト集団……などがあって、借主や買い主が心理的に嫌悪するようなブラックな物件のこと。大家には強烈な打撃である。

自殺があった部屋は
それが心理的瑕疵よ
告知義務が生じるから家賃は下がるわな…
もし…告知せず黙ってたら?
やめとき〜
バレたら損害賠償モンやで
しかも何やかんや言って
同フロアや上下の部屋にも影響するからなぁ…
しーーーんッ
…ハサンや死ぬわ
なんでやねん!!
死人をふたりに増やすな!!
今は高齢化社会や孤立死が問題になってる世の中やし
ドンマイ!!
大家さんやったら避けて通れん道かもしれんやん
全然なぐさめになってへんし…
ウッ〜
あっ
ホラホラ着いたでアンタのマンション

ドョーーーン
ゴクリ…
メーターは回ってる…
クン クン
ニオイは…まだせーへんねー
ほなまだ部屋はキレイやな!!
ホッ
…イヤまだわからんよー
クスリを飲んだ場合なんか出血がないし
汚腐団の中で
ひぃー
あるいはおフロで手首を切ったとか…
汚腐呂で密閉
やっやめてくれー
とにかくこうなったら一刻も早くおハライや!!
ガチャ ガチャ
あわわカギカギ…
これは…通報せなあかんかも!!
ギョッ
あれっ何してるんですか?

ソコ私の部屋ですよね？
何で勝手に開けてるんですか？
ガク ガク
ひイイイ
い…生きてる??
通報せんですんだ…
あ…家賃遅れててスミマセン
やっと仕事が決まって地方に研修に行ってたもんですから
…あコレおみやげです
と家賃
生きとるやないかー!!
へ？あたり前じゃないですか
でもオタクあんなに死にたいって…
ワナワナ…
あバレました
失業したうえに彼氏にもフラれちゃって
…イヤーつらかったわー
フフフ
ああー
もう
勝手に自殺なんかするなーっ!!
だから自殺してませんてば

ブラック部屋は10年間、事前説明の義務あり！

いやあ、もう、世の中、ブラックな物件の多いこと。特に、自殺や孤立死はニュースにならないだけで、毎日全国のどこかの部屋で起こっている。その舞台となった部屋＝**心理的瑕疵物件**は刻々と増加中なのである。そういう部屋にいつあたるかもしれないご時世なのだ。

　不動産屋は、その物件を選ぼうとする人に対し、ある一定期間は「心理的瑕疵物件なんです」という事実を、事前に説明する義務がある。「民法」と「宅地建物取引業法」でそう決められているのだ。「前の入居者の女性が1か月前にこの部屋で刺し殺されましてねぇ」とか、「中年の男性がリストラを苦に首吊り自殺をした部屋なんです」とか、「1年前に一家無理心中があって……」などと、事実を説明しなければならないってわけ。

　黙っているのは違法行為。バレたら賠償責任を負い、悪質な不動産屋や大家は営業停止を言い渡されることもある。

　告知義務がある期間は、「自殺や殺傷事件の場合は10年間」と言われている。「言われている」とあいまいな表現になるのは、実は法律では、期間そのものについては決められていないからだ。過去の訴訟のケースにしたがい、地域ごとに「○年ぐらい」とされるのが現状だ。

　事件の内容や個人の感覚によって嫌悪度には大きな差があるので、いちがいに決められないということらしい。

　でもこれ、大家にとっては家賃収入が途絶えるから、大きな痛手になる。よって、不動産屋をカネで口止めして入居者を募る大家があとを絶たないという。
ブラック物件の急増は、自殺大国日本が抱える社会問題になってしまった。

大家の偽装テクを公開！ウソ入居で義務から逃れる

ただし、大家にとって抜け道はある。「一巡（いちじゅん）すれば告知義務がなくなる」というもので、事件があった部屋に一度誰かが住んで出て行った場合、その後の入居者には告げなくていいという解釈だ。

アコギな大家はこの解釈を利用する。自分の身内や業者に名前だけを借り、書類上、半年ほど入居していた形をとって「一巡したし、もう言わなくていいんだよねー」と偽装する。ウソ入居でごまかすという手口だ。

こういう悪質な行為はもちろん違法。ばれたら御用だが、これは今、全国的にとても多い「大家による瑕疵からの逃れテク」だということを知っておきたい。

近隣の相場より格安な部屋に遭遇したら、ラッキーと思う前にまずは「ブラック物件かも」と疑って！　安住はんいわく、「格安な理由を必ず業者に聞くことです。瑕疵物件だと知らずに入居した場合、発覚するのは『近所のウワサ』から。何かを耳にしたらすぐに仲介した不動産屋に真実を確かめて、対応が悪ければ地域の消費生活センターに連絡してください。

うちの場合、大家さんにお祓いをしてもらい、条件を下げてお客さんに提示します。きちんと説明すると、家賃が安いので入居する人もいらっしゃいますよ」

良心的な大家なら「もうその部屋は10年間は空室にしておこう。両隣や上下階の家賃も下げます」という場合もある。

心理的瑕疵物件――アナタはどう考えるだろうか。

【教訓】

不動産屋の言うことより、「近所のウワサ」がいちばん確か

COLUMN 1

最上階はキケン

マンションで人気があると言えば最上階の部屋。
実は、デメリットもいっぱい!

ビュウウウウウ
金目のもんが丸見えや
イヒヒ
かあああ
しめしめ
窓が開いて入りやすいな
・ドロボーに侵入されやすい
・夏は暑い（屋上の熱がハンパじゃない）
・冬は寒い（北風が吹きすさぶ）
・家賃が高い
ドロボーに入られやすいのは1階・2階だけではない

2章 トラブル発生。事件にならない事件

5話 悪臭、ゴキブリ、ハエ。ゴミ部屋の犯人は…？

不動産屋を長くしていると
阪神が勝った日のお茶はサイコーやねェ〜〜!!
パリポリ パリポリ
ホンマやねー うひゃひゃひゃひゃ!!
パリポリ パリポリ
人は見かけによらないという場面によく出合います
例えば一見フツーのこのオバチャン
ところで安住はん
最近ウチのマンション虫が出るのよ〜
こう見えて彼女は街なかでいくつものマンションを経営しているんです
パリポリ
虫が…？
パリパリポリ
ゴキブリとか小バエとか
そうなんよ〜 なんか臭いし困ってるのよね〜
そりゃ入居者の誰かが部屋に虫をわかしとるんや
早いトコどないかせな
そやけど犯人がわからんやないの
ピク
安住はんやったらわかるんやろうけど

プ〜〜〜ン
ホンマやクサい!!
この階がいちばん臭うんよ
ようクレームこんなァ…
ゲホ ゲホ
クレームもない事ないけど
まあウチワンルームやしな
このフロアのどれかの部屋が犯人やと思うんやけど
みんななかなか連絡がとれへんねん
そりゃあゴミ部屋の住人の特徴や、パターンやわ!!
ビシィ!!
人に部屋を見られたくないからな!!
ユキちゃん住人の情報カモーーン!!
あたしに任せなさい!!
キラッ
オッケーこの階は全部で4室
契約書
301号室 犬山犬太郎
23才 浪人生
必勝
ガリ勉なのに落ちてばっかりのけったいなコや
302号室 白井ジュリア
33才 水商売
だらしない格好でようこのへん、ウロウロしとるよな——

303号室 亀田静香 28才 キャリアウーマン
ビシッ
ネクラっぽいけど あいさつしてくるし マナーはええわ
304号室 太平太平洋 48才 派遣社員
とにかく口が臭いオッサンや
この4人の
ガリ勉の男
だらしない女
ネクラな女
口の臭いオッサン
誰かが犯人…
誰やと思う 安住はん!?
難しいな!!
ううむ!!
単純に先入観やったらコイツや!!
確かにあれだけ口が臭いのは怪しい!!
あとゴミ部屋のイメージにもピッタリやん
せやけど…
ガチャン
304号室が…!!

あのー すみません
オーナーさん ですか？
太平太平洋!!
ハイハイ ワタシがオーナーの ユキちゃんです
私は不動産屋の安住です!!
ちょっと いいですか…？
最近このマンション 臭いんですよ… 虫も出るし…
何とか なりませんかねぇ
アンタが 言うか!!
口くさっ
しっ
それ
どこから 臭ってくるか わかりますか？
実は言い にくいんやけど
その部屋 から…
！
キャリア ウーマンはん…!?
えっ… アンタや なかったん!?
違いますよ…
ピンポーン
亀田さーん 亀田静香さーん

しーーん
いてはらへんのかね…
また出直すか～
いいえ
いてはります!!
ずっとこんな機会を待っとったです
さっき帰って来た音がしました!!
!
亀田さーん
ピンポンピンポーン!!
いらしてるんでしょお返事くださいなー!!
……
…ハイ
303
亀田
ちょっとお話があるんですけど…
いいですか?
…すみません今ちょっと具合悪くて…
大丈夫?病院行った?
顔だけでも見せてもらえる?
…
ガチャ
← 必殺技
ザッ
パッ
ハイ おジャマしますよっ
あっ…

ムワァアアアァアアァ
ひゃあああぁ
わあああぁ
…犯人
あのキャリアウーマンはん…？
…あんたやったんか
ゴク…
ちょっとおジャマしてもええ？
ガサッ
……

どこもかしこもやねェ
う〜ん
ニオイは気にならへんの？
…別に…
いつ頃からこうなったの？
おフロはどうしてるの？洋服は？
……
テレビで言ってました 片付けられないのは病気の可能性があるって
…私…やっぱりちょっとおかしいですよね？
ゲホゲホ
安住はん本気でっか!?
あたり前や!!
よっしゃ
やるでー!!
ちょっとでも業者の掃除代まけてもらわな!!
猛虎
阪神タイガース

ギャーー
虫!!
シャア
…虫は慣れた
人間より…虫が好き
猛虎
マイドーー
ありがとうございました…
う～～ん
スッキリ!!
お掃除したら見違えるようにキレイになるわねー
一緒に!!
しばらくオバちゃんが掃除に来てあげるから頑張ろう!!
…私今日から
どうやって生きていけばいいのでしょう….
ボソッ
はァ!?
ひょっとしてこのヒトにとってはアレが住みやすい環境?
アカンで
まずココロを掃除せんと
いやはや、ヒトは見かけによらない…

ゴミ部屋。それは
おひとりさま暮らしの末路

ゴミまたゴミの山積み……うっ、やばい。と、思いあたる人は多いかも。

ゴミ屋敷、ゴミマンション、汚部屋、ゴミ人間、ゴミ男、汚ギャル、干物女……最近は、この世界の専門用語が目白押し。「日本一安いゴミ処理業者」や「収納王子見参！」とかいう業者も急増中だ。

マンガに登場したキャリアウーマンはんは、生来、ヒトが苦手で生真面目ぇな性格。ゴミ出しの曜日、時間をきっちり守るほうだが、仕事が忙しくてなかなかその時間に出すことができない。次こそ出そう、と生ゴミをキッチンに置いておく。でも、また忘れて……繰り返すうちに部屋にゴミが溜まってしまった。


やがてはゴミ袋を使わず、カップ麺の食べ残し、ペットボトル、ビールの缶を部屋のあちこちに放置するようになる。

汁物は、キッチン、洗面所、トイレに流すので、いつも詰まっている。ゴキブリや小虫が出て来ても、ゴミにまぎれて捕まえられない。気付けば、自分とゴミと虫の生活が、「住めば都」になっている。

ここでポイントになるのは、んじゃ、友だちとか彼氏とか家族は部屋に来ないのか、ということだ。

はい、来ないよ。

安住はんいわく、ゴミ部屋の住人は、「家族も友だちも部屋には絶対に入らせない。ヒトと接触することが極端に少ない」のが特徴だ。だから、本人としてはゴミを捨てる必要もなくなる。また、「ゴミ出しのときに、ご近所さんと会っ

てあいさつするのがイヤだから」と、部屋に溜める。さらに、ゴミ部屋住人には、「ひきこもりやウツのヒト」と「家賃滞納者、夜逃げをするヒト」が圧倒的に多いとな。夜逃げマンよ、掃除はしていけ。

太平太平洋さんのように、お隣がゴミ部屋住人だと気付いたら、早めに管理会社や家主に相談しよう。臭いが激しい、虫が発生しているとなれば、汚部屋状態はかなり進んでいる．耐えられなければ引っ越しするしかないだろう。

マンションのゴミ部屋は、一軒家のゴミ屋敷よりタチが悪い。外目には発覚しにくいし、隣近所に害が及びやすいから迷惑の度合いが高いのだ。火でもついたらあっという間に燃え広がりそう。

大家はんにバレると、清掃業者に依頼していっせい撤去を言いつけられること必至。その費用たるや、部屋の広さによるけれど、ワンルームでも10万円以上はかかるとか。これを機に、ゴミづくしな部屋と人生を悔い改めよう。

【教訓】

ゴミの山積みはひざ下30センチまで！
ゴミも積もれば負債となる

6話
トラブルナンバーワンは「騒音」

騒音を出す人は
騒音だと思ってないから騒音になるんです
さあどうぞ
おっうまそうだなァ
バタッ
ドンドン
ドスーン
上の部屋誰か引っ越して来たんだね
ドタドタ
バタン!!
そうなのよーず――っと空いてたのにね
子どももいるみたいだけど
あいさつにも来ないのよねー

まあ引っ越して来たばかりだから今は仕方ないよ
じきに落ち着くと思うよ
じゃあ また来るよ
ふぁあ〜
疲れてるみたいだね
大丈夫？
ちょっと最近眠れなくて
ドスン
バタン
うるさ〜〜い
はァ〜
管理人さんに言ってみたら？
もう言ったのよ…
注意してみたんだけどね
普通にしてますって言われたんですよ

子どものことなので バタバタするかも しれないけど
ドタバタ
ズルズル
生活の音 です〜だって
コレが!?
この前 エレベーターで いっしょだったけど
ギャー
ワー
モグモグ
これがあの 上の階の奴らか…
バカ親 注意しろよな
ガシガシ
この部屋 30年ローンで 買っちゃったから
ああ〜
引っ越す わけにも いかないしな〜
もう2か月も この状態が 続いている…
ドスーン
もうガマン できん!!
ダダー
直接、文句 言ってやる!!
ピンポーン
はァ――?
騒音? ウチじゃない ですよ――
えっ…?
ムシャ ムシャ
変なこと言いに 来ないでほしい わね〜 まったく
ブチィ
とぼけないで こっちはうるさくて 夜も寝られないんですからね――!!

愛美
よせっ
ハァハァ
んまー
フン!!
こっちはフツーに生活してるだけだわよ!!
バン!!
ドタバタ
ドサッ
ドシン ドスン
心療内科で睡眠剤をもらってるけど
やっぱり元凶を絶たない限り根本的には治らないんだって
ビク
ドスーーン
元凶を絶たないと…
チラッ
もうここは手放そう!! なっ
オレいい不動産屋知ってるんだ!!
いらっしゃいませ――
東京ヒヨシスタイル
もうガマンできないんです…
上の部屋の音がうるさすぎて
あいさつにも来なかったし…
近ごろ騒音ノイローゼって多いんですよね～

ウツ、ノイローゼ、訴訟……。世の中、騒音で悩むヒトだらけ

「お客さんに相談されるトラブルを種類別に集計したところ、ダントツで騒音問題が多いんです。実に半数以上の人が悩んでいます」と日吉クン。安住はんの会社でも同様の結果が。それほど多いのだ、騒音！

音の迷惑が高じて「神経過敏」「不安神経症」「軽いウツ」「ノイローゼ」で心療内科行きというケースも多々ある。そりゃあ毎日毎夜、生活を妨害されたら病気になることもあるだろう。

「同じ人が大音量の騒音を繰り返します。あまりにヒドイときは警察に通報してもらうのですが、そのときだけしか効果がないのですよねぇ」とため息まじりの日吉クン。解決策はある？

「苦情を直接相手に伝えるとモメやすいので、まずは建物の管理会社や管理人さんに相談してください。掲示板にはり紙をする、どこからの苦情だとは言わないで注意をするなど、対処をしてくれるはずです。話し合いでの解決ですね」

賃貸なら最終的には引っ越すというテがあるが、家を購入している場合、そう簡単に引っ越すことはできない。騒音を出す相手と長い付き合いになるが、そのうちカオを見るのもいやになり、陰険な隣人どうしになってしまう。

日吉クーン、音で仕返しをして刺された人がいたよね？

「ハイ、カンベンしてくださいよー。話し合いでダメなら、騒音の詳細を記録してください。日時、音の内容、継続時間、

音量の程度など。ボイスレコーダーで録音するのがイチバンいいですね。いざというときには『訴訟の用意があるぞ』、という構えを見せるわけです」

そもそも、人間の生活に音はつきものなのだから、どこまでが生活の音でどこからが騒音なのか、ヒトによって見解が分かれそうなものだ。

「そうなんです。家族や友人、好きな人、ペットが何かをしている音はまったく気にならず、むしろ歓迎しますよね。ここに解決の糸口があると思います。

愛美さんの例では、ご近所さんが『あいさつに来なかった』のがその後の騒動の根本原因でしょう。最初の夜に家族みなさんからのあいさつを受けていると、どんな人たちがどのような暮らしをしているのかが見えて、なぜか気にならない。度が過ぎても謝罪があれば許す、というのが良識ある人の考え方ですよね」

ヒトの暮らしを守るのは、オトナのアイサツからなのである。

【教訓】

トラブル予防の最強策は、ご近所コミュニケーション

7話
ペットトラブル
その1 怪奇! ネコ2匹がやがて……
猫を2匹飼うと言って入居したサラリーマン風の3人家族
が、ペット2匹がやがて…
I ♥ CAT
駅から遠くてもいいんです
築年数も古くていいんです
1フロア1戸のマンションを希望してます
301
201
101
静かなところがいいんで…
ウン
ウン
なるほど
その分手ごろな3LDKのマンションをご希望と…
ただ

あ、あと
ごらんの通り
ネコが2匹
いますので
ペット可の
物件で
チラッ
ねっ
うぅむ…駅から
遠くてもいい？
築年数が
古くてもいい？
…フツー
その逆やで
この夫婦
見るからに
怪しい…
ビク
ビク
すみません
お客さん
一応確認
なんですが…
ガラガラ
ごめんなさーい
遅れちゃって
娘です
よろしく
お願いしまーす!!
いいお部屋
探して下さい
ねー
ペコ
あっ…
ハイハイ
ホッ
よかった
娘はんは
フツーの人や
結局その一家は
駅から徒歩20分
築20年の
マンションに入居

2年後
ウロ
ウロ
そのマンションにて
やっと終わりましたよ～
安住はん
お疲れはん!!
火災報知機の点検
いや～
しんどかった
ですわ
えらいぎょうさん
おりまんなァ
え?
住民が?
ここは1フロア
1戸のマンション
でっせー
ネコですよ
ネコ
ありゃー　エサ代
たこうつきます
やろなァ
ズガーーーン
ダダー
安住はん!?
猫田は～ん
出て来てくださーい
ピンポン
ピンポン
猫田はーん
しーーん
今、おるんは
わかってるん
ですよ!!
ドンドン
ドンドン
出て来ないと
警察へ通報
しますよー!!

ハイ…
ガチャ…
出た
ガッ
必殺テク
私がお訪ねした理由…
ぐぐぐ
わかってますね？
こっこっこの数は…
ゲホゲホ
猫田はんアンタ…何してまんの？
まさかブリーダーやったんか!!
みっ見逃してください!!

この数ではすぐに引っ越し先は見つからないし
お願いします追い出さないで
かといって全員を処分とかできないから
ミスったわ…
1フロア1戸で駅から遠くて古いマンションを…
あんとき悪い予感がしてたというのに…
私としたことがかた
ガーーン
あの娘はんは？
テヘッ
一緒に住んでるのと違いますの？
家を出てます
部屋探しを手伝ってもらっただけで
うぬぅ…
通告しますマンション管理規約違反です‼
守れなければすぐに退去してください‼
ペットは2匹まで
そんなァ〜
ひィィィィ
1か月後一家は退去した
マンションでブリーダーとか非常識すぎ‼
クリーニングしても臭いが取れないやないの
ペット臭はいまだに残っているのだった

もうひとつ
ペットいるけどお金ないんです
安い部屋を紹介してください
よくある事例をご紹介
その2 たくさん飼う貧乏オンナ
ペットを飼う場合
飼育確認書
ペットは2匹ま
1匹につき
体重は20k
体長1mま
氏名
「飼育届」という書面を提出するのが一般的です
…この条件で大丈夫ですか？
たしかネコちゃんでしたよね？
は…はい…
入居時に入居者はそれを確認…
…したのだが入居後
ごめんなさい〜
実は6匹いるんです〜飼わせてください〜
と大家さんに直訴
ピョピョ
お給料が減らされてもう引っ越しはできないんです〜
わあああ
このコたちいないと生きていけない〜!!
オーナーはカンカン
ビンボーだって言うから家賃まけてあげたのに!!
お願いですから飼わせて下さい〜
ピョピョ
女は泣くだけ
板挟み
ここで甘い顔をすればネコはさらに増え
う〜ん
発覚しても泣きつかれまた繰り返すだけ
かわいそうやけど…
退去!!
安住はんいわく
カネもないのにペットをぎょーさん飼うなよ〜

「小型犬なら大丈夫」と仲介業者に言われたのに退去通告が届いた！

「もうこれまで、何人に出て行ってもらったか。ペットを飼うならペットＯＫのマンションへ行きなはれ〜」と安住はんが当たり前のようなことを声高に言わなければならないのは、ここ3年、「共同住宅でのトラブルで2番目に多いのがペットに関することなのよ。ウソをついて飼う人が多すぎる！」からだとか。

猫田はん一家のやり口は犯罪に近い例で、ペットＯＫのマンションでも、頭数（たいてい2匹まで）、体重、大きさは具体的に制限されている。

ペット飼育を喜ぶ家主はいない。部屋中を傷だらけにされる、ところかまわず糞尿垂れ流し、悪臭、体毛、深夜の鳴き声、ペットどうしのケンカ、なかには「オタクの犬にハラまされた！　責任とれ！」なんていうトラブルもある。

ちなみに、ウサギは畳と壁のクロスを食べるし、ハムスターが逃げて隣の部屋に侵入、驚いた家の人が転倒して怪我をした、ネコがセキュリティーにひっかかって大騒動、などはよくあることなのだ。

こんなナンギな場合も。

「やっとペット可のマンションに引っ越したのに、突然、家主から『禁止事項であるペットの飼育を行っているので即刻退去を命じます』という通知が来てびっくり！　業者に『小型犬を静かに飼うならＯＫ』だと許可をもらったのに！」

これは、ノルマ達成のために成約を急いだ業者が勝手にＯＫと言ってしまった

例だ。契約書をよく読まないで印鑑を押すヒトは多いだろうが、よく読めば、禁止事項に「ペット不可」と書いてある。

業者はドロンしてつかまらない。家主に説明して次の更新時まではOKをもらったものの、敷金を1か月分も余計にとられ、退去時の「原状復帰」(元の状態に戻すこと)を約束させられたとか。

まあ、ペットOKのマンションというのは、敷金は通常より1～2か月分ほど多く、原状復帰が契約書に明記されているので、仕方がないことではある。

安住はんは「**ペットを黙って飼う人は、敷金をケチったり、退去時に原状復帰せずにそ知らぬ顔をしている人が多い**」とぼやく。あつかましいで、奥さん!

参考まで、禁止事項の代表的なものには他にも、「ピアノや楽器の設置」「無断同居」「石油暖房機の使用」「室内の造作の変更」などがある。契約のときには、不動産屋による「重要事項説明」をきちんと聞いて慎重に。あとで高くつくよ。


【教訓】

試されている、不動産屋と飼い主の品格

8話 ルームシェア奮闘記

家賃を低く抑えるためのルームシェアが今、ブームに
こちらのお部屋などいかがでしょうか？
でも現実は…
わーっステキ!!
キレイ!!オシャレ――
デザイナー志望 リサ
マンガ家志望 トモ子
ルームシェア向きの間取りというものがありまして
それが「振り分け間取り」でございます
社長
「振り分け」？
そうですこちらのお部屋のように

お互いの部屋を通ることもなくキッチン・トイレに行けること
これが使いやすくてよろしいかと
なるほどね――
いいんじゃないかしら？
ここであたしたちのオシャレな東京ライフが始まるのね〜
あ――ステキ♡
決めます!!
キリッ
あ、ありがとうございます…
……
…ではシェアをするにあたって家賃・共益費はどちらか代表の方からのお支払いで
保証人もその方から出していただくことになります
賃貸契約書

それから
ルームシェアには
トラブルも多いので
気を付けて
ウン
ウン
水道光熱費はどうするとか
共有部分の使い方ルールとか
退去の時どうするかとか
事前にいろいろと
取り決めをして
おいてくださいね
困ったことが
あったらいつでも
ボクに相談を…
ヤダー
不動産屋
さんたら
心配性～
こうしてネットの
ルームメイト募集で
知り合ったふたりは
同居を始めたのだった
そして
半年後
バン!!
いらっしゃい
ま…
ツカ
ツカ
ツカ
あ…
こんにちは
ど…どう
されました?
聞いてください
不動産屋さん
あんの
干物女～～
バアーン
もうっ
ガマン
ならないんですよ!!

エアコンバトル

真夏
ただいま~
あつ――
ピッ
ちょっと!
エアコン強くしないでくれる!?
え――っ それじゃエアコンの意味ないじゃん
エアコンの電気代ってバカにならないのよ~
あたし、冷え性だもん!
キ~!!
あたしは暑がりなの――!!

汚い女VS潔癖女

あ~汚い 汚い
トモ子ったらまた台所汚しっ放しなんだから
ちょっとトモ子!!
共有部分は汚したほうが掃除する約束でしょ!!
え?
ボリボリ
どこが?
だって汚れてないじゃない?
ひぃ~信じられないこの不潔女!!
え~
何よ潔癖症ね~

光熱費はもめるモト

すべてにもめる

もう ゲンカイ〜〜
まあ まあ…
社長
やっぱりなァ
それでさっき トモ子と ケンカしたら
もう 出て行く〜
出て行き たいのは こっちだよ…
べた！
ちょっと待ってよ アンタ 部屋の 壁紙汚してたじゃん
そのリフォーム 代はどうなるの よっ⁉
知らない わよ〜
そんなことより 共同で買った 家具・家電 買い取ってね〜
あたしはもう 使わないんだから!!
ハア⁉ 無理に 決まってんでしょ⁉
そのお金が ないと出て 行けないから〜
あたしだって 急に家賃倍とか 払えない!!
あ〜っシェア やめたいのに やめられない〜〜
地獄——
やれ やれ…
社長
ルームシェアで今までに 更新した例はありません みんな2年以内に解消に なっているのです…

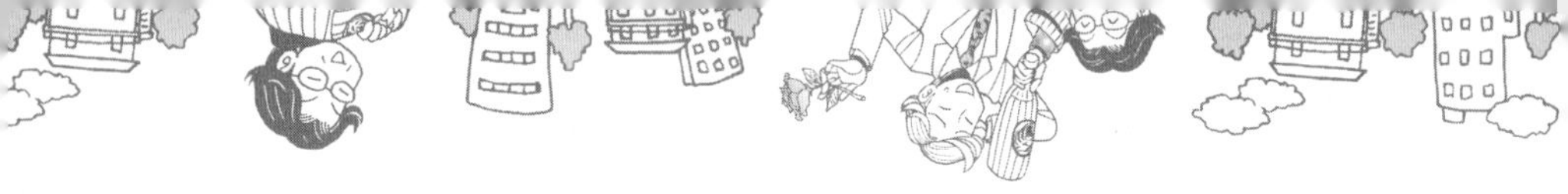

オンナとオンナのシェアは トラブルのオンパレ

都会を中心に、ルーム&ハウスシェアのスタイルが急増中だ。

少し前までは、学生や外国人が期間限定で住む場合の方法だったが、このところ、30代のおひとりさまが見知らぬヒトたちとネットで知り合ってシェアする、外国語のベンキョーのために外国人とシェアする、出会いのためにシェアするなどのムーブメントが起こっている。

驚くなかれ、「男女混合シェア」というスタイルもある。同棲とは違うのだよ。見知らぬオトコとオンナがネット上の掲示板でメイトを募集しあってシェアを開始するってコト。一対一もあれば多対多、多対一といろいろアリだけど、これは窃盗、性犯罪などトラブルの温床、犯罪の発生源になっているから遠慮しておこう。

なぜこのスタイルが増えてきたかというと、外国旅行や留学でシェアを体験した人が帰国してからも同様の暮らしを実行する、また、空室が続く部屋をなんとか埋めようと、家主がシェアOKを宣伝し始めたことが大きな理由だ。

興味深いのは、オトコとオンナではシェアの目的が違うこと。オトコは「**家賃の節約**」「**都会暮らし**」が圧倒的だが、オンナは、「**話し相手がほしい**」「**ひとりはさみしい**」「**安心感**」「**楽しそう**」と、シェアそのものに目的を置いている。

オンナ同士のシェアにトラブルが多いのは、理想と幻想が先に立って、現実を見るとげんなりしてしまうからかも。

まず、なんと言っても「**食べ物の恨**

み」、次に「**共有場所の取り合い**」（日吉クンのデータでは、イチバンは洗濯ものの干し場所）、「**清潔VS不潔**」「**モノののぞき合い**」「**カレシができた**」、とどめは「**カネ**（光熱費などの支払い）」。

あのー、こういうのって夫婦や親子でもあるよね。他人ならあってトーゼン。日吉クン、どうすればいい？

「『振り分け間取りを選ぶ』のは必須です。それに、暮らし始める前にふたりで『シェアのルール』を決めて、紙に書き出してお互いに持っておく、目立つ場所にはり出しておくことが大事。守らなければ1000円を共同貯金箱に入れるとか、ペナルティールールもお忘れなく！」

はい、ぜひそうします。さらに！　リサとトモ子のように、「どちらかが勝手に出て行ってしまうことはとても多いので、10万円ずつぐらいを信用できる人に預けておくと安心ですよ」（日吉クン）。

「シェアはもめるものだ」とあらかじめ認識しておく必要がありそうだ。

【教訓】

前向きシェアの秘訣は、「ルールを守る」「がまんする」「許す」「払う」

9話

仲介人、夜逃げを手伝う～家賃滞納の果て

家賃滞納の果ては…
夜逃げ
いや私は決して教えたわけじゃないですよ
…ただのひとりごとです
降る…
血の雨が降る…
猛虎不動産 真弓社長
ブツ ブツ
安住はん…まあ落ち着いて
お茶でも
ええ日もあれば悪い日もあるのが人生ってもんや
せやかて社長――!!
この時期に3連敗やなんてダメ虎が～
わーっ
ガラガラー
ジャマするわよ

これはこれは
メゾンタイガースのオーナーはんやないですか〜景気はどうでっか〜
どうもこうもないわーーー!!
ひィ!?
おたくが前に仲介した2階の泥沼はんが
もう何か月も家賃滞納しとるんですわ!!
どないしてくれるの社長はん!!
ズイーッ
あら〜
わかりましたウチが仲介したとあっては黙ってられん
ズイ
すぐ取り立てに行ってきますわ
安住はん!!
行くで社長
はっ…ハイ!!
血の雨降らしたろかー
うおおおお
お手やわらかに
メゾンタイガース
泥沼はーん
ピンポーン
ピンポーン
泥沼落男はーん

おらん
みたいやな…
お客様がおかけになった番号は…
アカン、電話もケイタイも止められてるわ
こうなったら会社に張り込みやわ!!
行くで社長
ワシもか――!!
浦成商事(有)
あっアレや!!
つかまえるで~
来た!!
間違いないか!?
なぬっ
どよ―――ん
うっ…
ひるむな社長!!
GO!!
こんにちは
サッ
こちらはウチのカント…もとい社長です
ビクッ
猛虎不動産の安住です

わたしら
ここへ来た
理由は…
…おわかり
ですね？
……
いろいろ事情は
おありやと
思いますが
今いくら持ってはります？
何とか少しだけでも
払っていただけま
せんか？
1200円…
これだけ⁉
全財産…
1週間分の
食費です…
…でも
1週間後には
給料が入るさかい
そしたら必ず
…必ず…
…わかり
ました
これはお返しします
今日のところは
帰りますわ
ええっ
1週間後
部屋に取りに
うかがわせて
もらいますよ‼
すんま
せん…
そして
1週間後

すんません
すんません…
これだけで
カンベンして
ください…!!
明日また
借金取りに
返さなあかん
のです…
大丈夫
なの…?
街金にまでお金
借りとるんか…
ピチョーン
はァ～
…あのね
これは私の
ひとりごとやから
知らん顔
しといてや
ギクッ
アパートの
オーナーにとって
一番困るんが
夜逃げされる
ことなんや…

何でかって言うと警察に届けて事件性がないかどうか調べてもらわなアカンわ
その間荷物は置いたままやわ人には貸せんわ家賃は入らんわ…
そうなったらウチらも逃げた人のあと追わなしゃーないんですわな
ビク ビク
でもこの間夜逃げしはった人は私らも追いかけへんかったんよ
そっそれは…
何でかって言うとなァ…
猛虎不動産株式会社
TEL0000-0000
入居者
ガラガラ〜
社長はん!!
えらいこっちゃ——!!
泥沼はんがドロンした!!

えッ!?
ええ──っ!?
(わざと)
こっこっ この書き置き見てーな!!
事情により、私は消えます。
この荷物は放棄しますので
後のことはよろしくお願いします。
2010年5月5日 泥沼諾男
泥沼
賃貸契約書
P.S. すみません。
へたっ
ああ
どこまでヒトに迷惑をかけたら気がすむんやあの男は〜
ギリ ギリ ギリ
まあまあ
あの人かなりの借金で苦しんどったみたいやから
もう取り立ててもどうせ無理やったと思いますよ…
せやかて!!
まだこうして「退去」の意思表示があっただけマシやないですか〜

荷物も放棄してくれたおかげで
スグに処分してさっさと次の募集かけられますやん
せやな…そう考えたら不幸中の幸い…
…やったんかなー
元気出してーなオーナーはん
ありがとうありがとう
次の仲介ではマトモな人見つけるよってに
メゾンタイガース
よしよし
大事なもんは持って行ったみたいやな
阪神も追い詰められとるけど
アンタも追い詰められてはったよなァ 泥沼はん

家賃は1か月でも遅れると、ずっと支払えません

夜逃げする人のパターンは、「部屋がドロドロ」なのと「荷物を置いたまま連絡がとれない」こと。荷物は法的手段を踏まないと家主側が勝手に撤去できないから、家主にすれば家賃は入らず次の募集もかけられず……で大迷惑なのである。

借主たちの意見をまとめると、家賃を払わなかった原因は、**1．忘れていた、2．旅行など外出していて払えなかった、3．急な病気・ケガ、4．失業や離婚による生活苦、5．賭け事や買い物症候群での借金苦、6．支払う気がない、7．行方不明・音信不通**という。6と7は確信犯ゆえ、天罰がくだるであろう。

問題は4と5だが、ここが人生の境目。4は一念発起できるかどうか。思い詰めずに役所へ行こう！　ふんばるんや！

5はクセになるか更正するか。まあ、分を超えた賭け事や買い物は依存症ゆえ、クセとなる確率がか〜な〜り〜高い。

病気やケガは治るが、クセは治らない。ここで家賃滞納グセがつくと、6に向かって坂道を転がり落ちていくだけだ。言うときますけど、ミナミの萬田銀次郎は漫画の中にしかいないのよ。安住はんは「家賃は、1か月払えない事態が来たときが勝負どころ。親に借りる、働く、実家に帰るなどして対処しないと。なんとかなるわ、と放っておくと、次の月も払えず、ずーっと払えません」と断言。

そらそうよ、1か月7万円の家賃を払えなかった人が、翌月にまとめて14万円、払える？　翌々月になると21万円ですが

な。払えまっか？
ここで、貴重な体験談をご紹介しよう。「失業して1か月分を払わなかったら、ズルズルと悪循環で。保証人の親に督促されるも、親も払えず。契約時に払った敷金で差し引きされて追い出され、実家に帰りました」（女子・33歳・派遣社員）。
「クレジットカードを何枚もつくってキャッシング地獄に陥りました。原因？　オトコにせがまれていたんです。返してくれないし、別にオンナはいるし。保証人は亡くなっていたので、大家さんは請求できなかった。半年後に裁判所から支払い通知が届いたのですが、無視していたらいきなり裁判所の人と家主がカギを開けて入って来て、差し押さえと退去命令の紙をはられ、しかたなく夜逃げしました」（女子・28歳・会社員）。
言うまでもアルことだけど、自立した生活とは「きちんと払う」こと。泥沼はんの姿は反面教師。明日はわが身、と自分を重ね見ているアナタ、やばいっすよ。

【教訓】

夜逃げのマナー
「立つ貧乏人、なるべくあとを濁(にご)さず」

COLUMN 2

御用! 賭博場になっていた

結婚を機に部屋を探しているという若い女性
・都心
・駅近
・高級マンション
ここに決めますわ
パパかな?
何かニオうなァ…
しばらくして
毎晩あの部屋にアブナイ系の人が出入りしてるんだけど
深夜になると怒声が聞こえてくる!!
マンションのまわりに車がズラーっと
半年後女はタイホされた
エエーーーッ!?
賭博場にされてたとは…
発覚のきっかけは客の家族からの通報だった

若い女性が、本人のチカラではないような高額な家賃の部屋を希望するときには、違法なナニかをしていることが多い。

「不動産屋が覚える違和感」は、あとで事件となって的中する

3章 オトコとオンナの怪事件

10話 プロフェッショナル～ふたまたの流儀

パパやカレシが複数いるアナタ
こちらが駅前のタワーマンションになります
バレないための秘策教えます
どうですナイスビューでしょ!!
リビングは30畳あります
ホテル風のフロント!! コンシェルジュサービス!!
フィットネスジム ゴルフレンジ 豪華ラウンジもあって
入居者はすべて無料で使えますよ～
いいわね
ここに決めますわ

ラッキー
一回の案内で大口決まったー!!
ありがとうございますー お家賃のほうは…
あら ジェットバスも付いてるのね～
あらら
女性はすぐにこの部屋を契約
保証人の名前は…
もちろんパパだ
逃げるオトコは保証人には絶対ならんで…
ウン、保証人になるぐらいやったらキチンとした人やろ
では こちらがカギになりまーす
素敵なお住まいになさってくださいね
ニッコリ
困ったことがあればいつでもどうぞー
ありがとう
ニッコリ
そして半年後

安住さーん
いらっしゃいます～？
ガラガラ
は、はいのはいはーい
あんらーお久しぶりですねー
新しい部屋を探してますの
お引っ越し…ですか？
えっ
いえいえ
2つ目の部屋ですわ
なるほどー
キラーン
ご案内しまーす
どうですシブイお部屋でしょー
新しいパパのシュミかな？
上品な低層マンションはタワーマンションとはまた違った趣がありますからね～
いいわね
決めます

ありがとう
ございます
ニコー
…あの、失礼ですが
お家賃のほうもふたつ
合わせると相当…
今度のは
ニコー
法人契約で
なるほどー
それなら審査も
通りやすいですね!!
ニコー
ニコー
今度のパパは
会社の社長かな
猛虎不動産株式会社
TEL0000-0000
ハイじゃあ
こちらがふたつ目の
カギになります
うまくやって
くださいねー
どうも～
3か月後
安住さん
いらっしゃいます～?
ガラガラ～
3つ目の部屋を
探してるんです
けど～
まいど!
パパとの
ふたまたをうまく
やるには
ポン
パパごとに部屋を
借りるに限る!!

パパが飛んだときに備える、7つの鉄則、教えます

「パパと物件」について、安住はん、語りに語る。

「パパのふたまたをする場合の流儀はね、『部屋も2つ借りること』よ。バレないためにだけではないの、まずはパパへの礼儀。それに部屋にまつわる保証金、家具などの資産を複数にしておくことが彼女たちの保険になるから。3人のパパができたら3つの部屋が必要です。

　知的な女性ほどね、徹底してバレないようにコトを運ぶのよ。人にはひた隠すし、パパを傷つけないように配慮して。

　でもね、だいたい、愛人に部屋を借りてやるというオトコって、『このオンナはオレさまだけ』と思っているタイプばかりだから、うまくやればバレへんのよ。

　バレるオンナって自分でバレるようなことをしているのよねぇ。それで逆上されたりして、えらい目にあうわけ」

　バレやすい女子についてハナシは続く。

「世の中をまだわかってなさそうなかーい女子が『家賃はパパ持ちでぇ』と言って部屋を探しに来る場合もよくありますねん。これは危なっかしいパターンですわ。だから、いいヒトには、パパ対策の鉄則を教えてあげます」

　師匠、レクチャーをお願いします。

「オッケー。**1．ペラペラとパパの存在を友だちや家族にしゃべらない。**バレるもとです。**2．ワタシがパパの会社と自宅の連絡先を聞いて、パパと契約するようにします。3．家賃はパパの口座から引き落とすように。**これをしてくれるパ

パは誠意アリですよ、ごく少数やけどね。

4．高めの敷金の部屋を借りて、『有事』に備える。有事って？　はい、パパが飛んだときのこと。パパって借金をしているヒトが多いからね。解約のときに戻って来るおカネぐらいは女性の手もとに残すようにしておくのよ。**5．そのおカネで次の物件を探す。6．高めの家具を買ってもらう。**有事に売れるように。

7．最後に『**パパはいつか力尽きる。関係はいつまでも続かない。もって半年だと覚悟する**』ことをお伝えします」

師匠ご提案の「対策」をとらなかった女子はどうなるのでしょうか？

「そういう女子が路頭に迷ったときは、風俗店行きが目に見えてますわ。オトコがええ格好しぃなのは最初だけ。2か月もしたらオンナを借金のカタとして他のパパに譲るなんてこと、よくあるのよ。現実に泣く女性が多すぎるのよ～」

流儀を貫き、鉄則を守り、明るく正しいパパライフを過ごしましょう。

【教訓】

愛人の保険は、パパの数だけあるお部屋

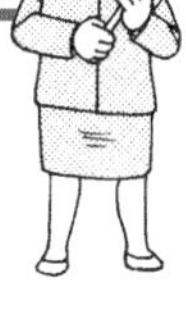

11話 三角関係で刃傷沙汰に

その1 ヒモオトコ編

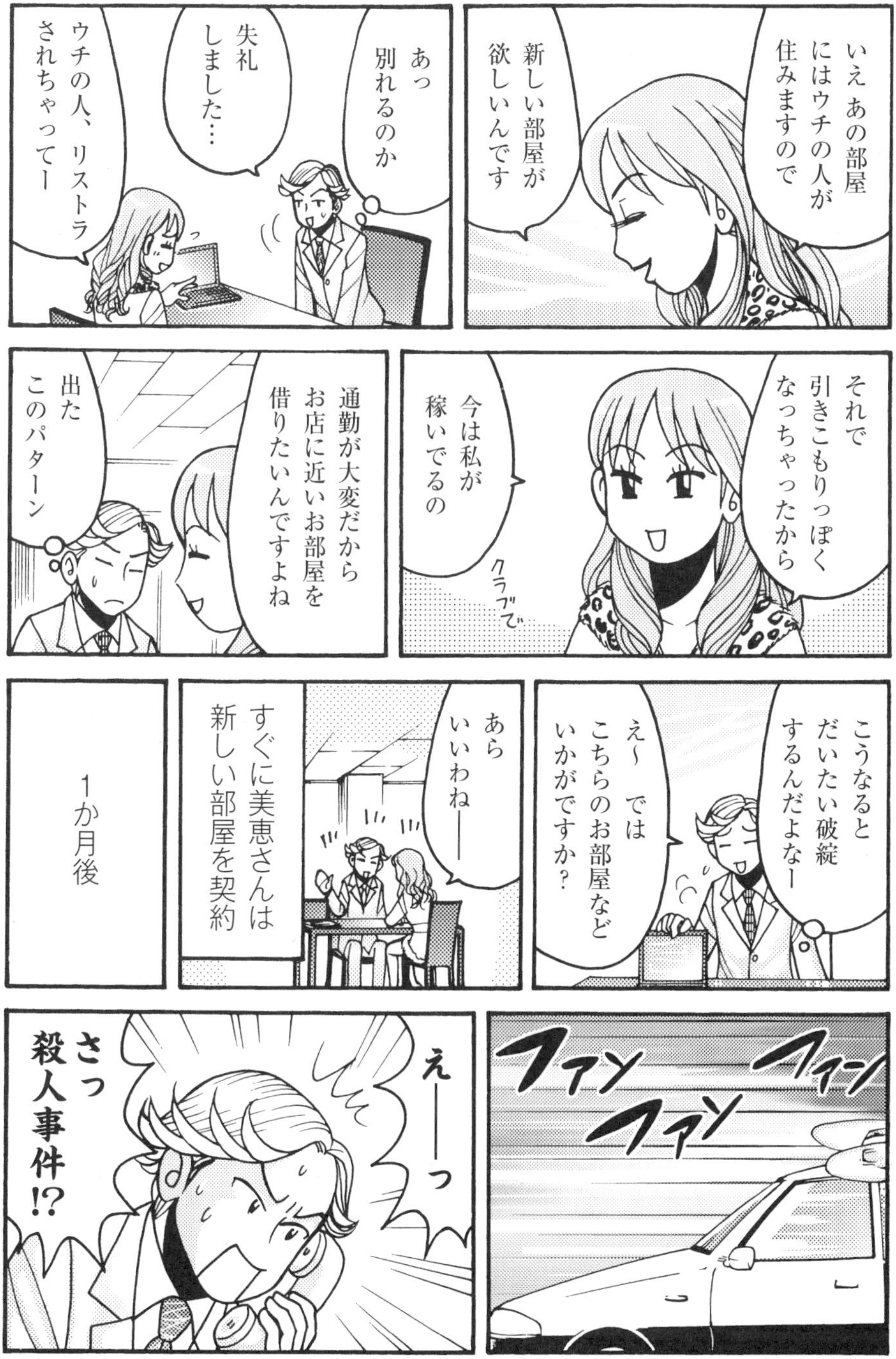
いえ あの部屋にはウチの人が住みますので
新しい部屋が欲しいんです
あっ 別れるのか
失礼しました…
ウチの人、リストラされちゃってー
それで引きこもりっぽくなっちゃったから
今は私が稼いでるの
クラブで
通勤が大変だからお店に近いお部屋を借りたいんですよね
出た このパターン
こうなるとだいたい破綻するんだよなー
え〜 では こちらのお部屋などいかがですか？
あら いいわねーー
すぐに美恵さんは新しい部屋を契約
1か月後
ファン
ファン
ファン
えーーっ
さっ 殺人事件!?

ごくろうさまです
この部屋を仲介された不動産屋の方ですね？
は…はい
この方をご存知ですか？
美恵さんのダンナさんです…
では貧相さんが被害者…ですか？
いやそれが…
ピンポーン
ガチャ
美恵!!
仕事が決まったよもう一度やり直そう!!
キャーーーッ

やべっ…
違うの
これは…
やっぱり
オレ以外の
男と…
しかもこんな
若い奴…よくも
グサッ
ぐわーーっ
殺されたのは
愛人男性
だったのか…
はァ
多いんですよねぇ
このパターン
とにかく
部屋のほうが
血まみれですので
後始末は
よろしく
また心理的
瑕疵物件が
増えた
ゲーーッ
どうも今回は
美恵さんに若い
ヒモができたのが
原因だったようです
相手は18歳
彼女や奥さんが
夜の商売をして
キレイになると
トラブルになることが
多いんですよねー

またしばらくして別の事件も
その2 カマオトコ編
まいどー
ゲッ
また来た
いらっしゃいませ――
お部屋をお探し…
…なわけないですよね…
実は昨日こちらで仲介された風穴さんの部屋で事件がありまして
ぐえー
風穴園子さんが刺され、重体です
散らかってますね…
しかしモノ取りというよりはケンカの後のようですねー
園子さんは近々結婚すると言っていた…
幸せそうでしたよ
もしや婚約者が⁉
目撃情報によると
逃走したのは若い女だそうです

女か…
はい
そうか
わかった
すぐ帰る‼
犯人が自首
してきました
婚約者の
愛人のようです
波風立男
25歳
男？
ええ――っ!?
目撃情報の
女が実は
男だった‼
ご協力
ありがとう
ございました―
そそくさ
ややこしいハナシですが
園子さんは婚約者の
同性愛の彼にしっとされて
刺されてしまいました
婚約中
愛人関係
しっと
園子さん
最近、同性のラブって
男女関係のトラブルより
根が深いことが
多いんですよね

複雑化、多様化する三角関係ドロドロ劇場

同居カップルや夫婦、ルームシェアの人間トラブルで目立つのが、オトコとオンナのドロドロ劇場。それはもう、いろいろな問題が起こるそうな。

最新の傾向としては、**1．オトコが無職になる、あるいは給料カットなどの事情でオンナが水商売を始めてモメだす、2．オンナに若いヒモオトコができる、3．カップルのどちらかが同性と浮気に走る**、これらの場合に、おおごと＝事件に発展するケースが多いという。

美恵さんの場合は、1と2を足した状態だった。美恵さんに愛想をつかされた貧相さんは、美恵さんの新しい相手である子どものようなトシ格好のオトコに出くわし、ぶちギレてしまった。

「美恵さん、夜のお仕事に出るようになって見違えるようにキレイになられましたよー」と日吉クン。貧相さん、脇甘く、ツメも甘い。

さらに、傾向3の場合。Aクン（♂）&Bさん（♀）のカップルがいて、AクンがCクン（♂）という第3のオトコとデキてしまった場合に悲劇が生まれる。

これまでは、男子が若い女子と浮気をしてこじれるというのが定番だったが、このごろはボーイズラブ、ガールズラブ、つまり同性愛がからんだ三角関係のねじれ、よじれ、こじれが事件化することが多いという。

浮気をされたほうの感情が、複雑な憎悪地獄に支配され、そこには、異性との浮気以上に許せなくなる心理があるのだ

とか。こうなると、「日常的にヒステリックなケンカになって、部屋の器物損壊、殴り合い、果ては貧相さんの事件のような刃傷沙汰、酒やカネがからんでの殺傷沙汰へとエスカレートするんです。

事件になると、彼らの部屋は心理的瑕疵物件（4話　事件や事故があった部屋～P.36～）になり、何の関係もないご近所さんや大家さんに多大な迷惑をかけてしまいます。これまで何度も言いましたよね～」とまたもや嘆く日吉クン。

社会的に注目された「オンナによる結婚詐欺」という事件もあったが、「結婚詐欺まがいのハナシなんて、昔から不動産の現場では日常茶飯事ですよ。表に出ないだけで」と日吉クン。

はあ。浮気をするときはこっそりと、できるだけ静かにバレないように。部屋で刃傷沙汰なんてもってのほか。

もしも浮気をされた場合は、逆上しない人生を生きましょう。グッドラック。

【教訓】

カレの浮気相手は、オトコかもよ

COLUMN 3

オニイサン、結婚しましょう

不動産屋は部屋を紹介するところ

不動産屋に、「結婚してくれ」のほか、「カネを貸してくれ」「名義売ってくれ 」など、無茶を言うお客は多い。

12話
夫婦共有名義の悲劇～負の遺産

結婚を機にふたり分の収入を合算して目いっぱい借りた住宅ローン
ステキなおウチでしょー
買ったときは5千万もしたんですよ
当然、名義も共有なわけで…
建て売りと言っても一流メーカーだし
他の家と違ってウチは日当たりもいいんですのよ
はいはい、それで今回ここを売りに出されたいと
お引っ越しですか？
そ…そうなの
主人が東京に引っ越しになったのよ一流企業も大変ね
ハア…
…で、いくらで売却をお望みでっか？

そうねぇ
5千万で買ったから5千万…
と言いたいところですけどこのご時勢ですからねぇ〜
せめて4千万で売れれば…
あっ 柱にキズ!!
マイナス10万!!
えっ…!?
こういう細かいところから家の価値って下がるものなのよ
築13年なのでマイナス1千万
南側にマンション建築計画があるのでマイナス1千万
今の土地の評価額からマイナス1千万
ハァ
ハァ
ハァハァ
ハァ
トン
トン
ハイ査定終了…
…でいくらで売れますの?
ヒク
ヒク
ビシィ!!
ズバリ1500万ポッキリです!!
買い値の3分の1以下でーす!!

ガーン
ウ…ウソでしょ？
ヨロ…
だって一流メーカー施工で駅近だし…
一流メーカーったって建て売りですし
よく売れても1500万です
あと駅近と言っても電車が1時間に1本のローカル線ですからねー
ギャーーー
どっどっどうすんのよ⁉
ローンの残りまだ4千万も残っているのに～
うっ…うるさい！
お前が仕事をやめたから払えなくなったんだろーが‼
なんですって～部下と浮気して飛ばされたのはドコのドイツよ
キィ
絶対こんな家出て行ってやるんだから‼
この浮気者‼
うるせークソババー‼

あらあらあら
やっぱり離婚やったんか〜
奥さん言うときますけど出てって新しい家に住むんやったら
家賃とこの家のローンで二重苦でっせー
ガーン
プッ
共有名義なんだからアンタだっていっしょでしょ!!
パアン
アンタが払いなさいよ〜
あたしはこんな家いらないわよ!!
アホかお前が払え
どっちが払うにしても名義は払う人のほうに書きかえときなはれやー
うるさい!!
結局この家は二束三文で競売にかかるも、売れず
ずっしり…
残債
4000万円のローン
新しい家の家賃
差し押さえ
売ります
愛ナシ 家ナシ 金ナシ
残ったものはローンだけ

ラブとカネと家の名義は別。保険金殺人なんてことも

夫婦共有名義で買った家。数年後、離婚をすることになり、処分しようとしたが売れず、ローンだけが残った。

冷めた妻は子どもを連れてさっさと家を出て行くが、新しい家の家賃と元の家のローンの二重支払いで苦しむことに。不況で給料をカットされた夫はローンの残りを払おうとしない。

やがてふたりのもとには支払いの督促状、次には家の差し押さえがやって来る。そう、夫婦の愛の家はいつしか、負の遺産となってその後の人生に重くのしかかることになるのであった。どよ～ん。

このパターンは、いまや社会現象だ。安住はん、避けることはできるの？

「離婚しないことよ」。無理ですってば。

「うーん、ふたりで返済していくとしても、共有名義ではなく夫か妻の単独の名義にしておくほうがもめることは少ないわね。夫の名前で買った場合、妻が支払った金額を記録しておく。借用書を書くのがいちばんいいのよ。実家からの援助も含めて、数字を明らかにしておくことが大事。

家を買うときってだいたいラブラブでしょう。夫婦間で文書を交換などしたくないでしょうが、今の世の中、たとえ夫婦であろうと、出したカネの証拠はとっておくべきです。あとでモメたときに役に立つのですよー」

はあ。ラブとカネと家の名義は別、ということですよね、師匠。でも、感情的に「オレを信用してないのか。オマエもこの家に住んどるやないか～」とケンカになりませんかねぇ……。

「もめたらこのマンガを出して、『こう書いてある』と言うてください（笑）」

　夫婦共有名義にしてちょっと高い家を無理して買った場合、その後、妻は出産や育児、親の介護で仕事をやめる、夫もリストラや病気でいつ職を失うかわからない時代だ。マンガの女性は証言する。

「最低、元夫か自分か、ひとりの収入で買える家を選ぶべきでした。調子に乗って身の丈を超えた家を高いときに買ってしまったのがあとの祭り。うっ（泣）」

　ローンを苦に、保険金目当ての殺人や自殺の例は多い。夫婦共有名義での買い物は、ふたりとも働き続けて離婚しないことが大前提だと心得よう。それに、家を買ったときは人生がイチバン乗っているとき。「あとは下るだけだ」と自覚しておくのもカシコイ考えかただろう。

　離婚の後、負の遺産を払い終え、再起をかけた人生を送ることができるかどうか。希望はそこから生まれるのである。


【教訓】

カネの切れ目がエンの切れ目。高い買い物は計画的に

COLUMN 4

御用! 乱○パーティ会場になっていた

水道代は物語っていた

マンションやアパートの場合、水道代はオーナーや管理組合から請求される場合が多い。よって、オーナー側は各戸の水道使用料を把握している。

一般住人の場合、「水」は何にいちばん使われるのかというと、ほとんどがトイレと風呂。居住者が増えたり多人数が出入りしたり、ましてや風俗店営業となると、月々の水道代は跳ね上がるわけだ。

4章

プロが、部屋探しのマル秘テクを披露

13話

良心的な不動産屋はどこにいる⁉

いい不動産屋には、数打ちゃ当たる

いい部屋に巡り合うには、いい不動産屋と出会うことから――。部屋探しも回を重ねると、だれもがそう思うだろう。でも、いい不動産屋っていったいどこにいるの⁉ まず、いちばんいいテは「人の紹介」。最近引っ越しをした友だちがいれば不動産屋を紹介してもらおう。ただ、相性が合うかはわからないし、紹介者がいなければどうすればいいか――。結論から言うと、「数打ちゃ当たる」だ。

かくいうワタシは、「はじめに」（P.2～）で書いたように賃貸放浪を続けてン十年。不動産屋に対するストレスは募る一方だったが、執念は実る。あきらめずに探し続けた結果、安住はん、日吉クンに出会うことができたのである。

不動産屋って、常に「だまされるんちゃうか」という不安がついてまわる。しかし相手もヒトの子だ。自分がしっかりしていれば必ずいい部屋、業者に出会えるものだ。どのぐらいに当たればいいかって？ ワタシの過去22年の引っ越しデータを見ると、だいたい10人にひとりの確率で信頼できる不動産屋、最終候補の部屋に出会えている。まずは最低、10軒はまわるという心構えでいこう。ただし、時間の都合でそうもいかない人のために、ここでアコギな不動産屋を見抜くテクをレクチャーしよう。高額の買い物をするのだから、労力を惜しまず、たとえカスな業者に当たったとしてもあとで情報として生きてくると考えよう！

不動産屋のタイプを使い分ける

不動産屋には、大きく分けて2パターンがある。

1 ターミナルタイプ　大手建設会社の関連企業、フランチャイズ企業が複数の支店を持ち、広告を打って派手に展開。業者専用の情報ネットを駆使し、広い範囲での部屋情報を提供するのがウリ。愛想はいいが、物件の知識や詳細を知らない営業マンが多い。営業マンの給料は大半が歩合制。完全歩合給の会社も多い。つまり、多くを契約しないと彼らの財布はカラになってしまう。必死で成約させようとする理由はココにある。

2 地元密着タイプ　「この街で創業50年」など、古くから同じエリアで腰をすえて営業している店。表通りだけではなく、1本奥まった道や住宅地にあることも。

その地域の情報に特化して強く、家主との関係が深い。いい部屋は業者間ネットに流さず、自分の店だけで抱えている。地元のビルやマンションを管理しているため、あくせくと仲介業をする必要がない。それゆえか、愛想が悪いイメージがある。

不動産屋をまわるときには、この2つのタイプをうまく利用しよう。ターミナルタイプには2~3軒も行けば、希望するエリアの家賃相場や街の様子が見えてくる。

次に、その情報、知識を持って実際に街を歩き、地元密着タイプの店を訪ねる。希望する物件の細かな状況、別の優良物件情報が得られることがある。さあ、目指せ10軒！

アコギな不動産屋を見抜け！

メールや電話のファーストアクションで態度が悪い

部屋を探すときは、1にネットで検索、2に住宅情報誌のチェック。希望の部屋の目星をつけて、まずは不動産屋にメールか電話をしてみよう。24時間たってもメールの返事がない場合は、ニセ広告の可能性もあるから次をあたる。電話では「○○ネットでおたくの物件を見つけました。図面をFAXかメールで送っていただけるでしょうか」と言ってみる。対応が悪い、名前も名乗らない、などマナーが良くない不動産屋（けっこういる！）はNG。あとあとズサンな対応をされる可能性が高いよ。

調子だけがいい

アナタは彼らの歩合給のモトになる存在。条件を聞かずに「ぜひ来店を！」と連呼する、自分の会社が広告を出している物件でも、知りもしないのに適当な自慢をしたりするのはマユツバもの。そこで「窓からは何が見えますか？」など、訪れたものにしかわからない具体的な質問をぶつけてみよう。

どの業者もすべての部屋を知っているわけではないだろうが、「ウソの情報を伝えられないか」などの対応ぶりをチェックしたい。

物件案内セクハラ

男性の営業担当と2人で内見に行ったとして
このお部屋に決めてくれたら
僕、家事を手伝いに通っちゃおうかな～
一人で寝るのってさみしくなーい?
フガフガ
……
というのは序の口で
その場で乱暴されたという事件も
ねェねェ…
キャーーッ
実際によく聞く話
助手席にどうぞーー
この時点でアウトーー!!
身のキケンを察してシャーッと逃げてやー

トークやコトバづかいが妙になれなれしい

「かのじょーっ、よく来たねぇ。どんな部屋がいいのぉ?」と、なぜか語尾を伸ばして媚びるようなモノ言いの連中が多い。あんた、ツレか?

態度を豹変させるヤツ

最初は愛想がいいが、質問をしたりマイナス点を指摘したり、また契約が決まると急に偉そうになるヤツがかなりいる。「釣ったカネ元にはエサはやらん」とばかりに、「案内してやったのに」、「ワタシが家主に話をつけてやるんだ」という態度に出られたら、速攻でキャンセルすべし。「快い契約」ができないのはトラブルのモトである。

同業他社の悪口をいうヤツ

ターミナルタイプの業者に多い。他社も同じ物件を扱っているからか根性が悪いからか、あちこちの悪口を言う。「ワタシの悪口も言うな」と察してさっさと帰ろう。

ニセの広告でお客を釣る

実際には存在しない条件のいい部屋をオトリ広告として出す。問い合わせたときには「あります!」と言い、店頭を訪れたときには「たった今、決まってしまったんですよ〜」と言う手口。しらじらしいで、ホンマ。

事件事故があった物件にしてしまう

オトリ広告を希望するお客への言い逃れとして「実はその部屋、こないだ殺傷事件があったんですよ。おすすめできないなあ」とブラック物件（P.36参照）をでっちあげる。

ひとつしか案内しない

事前には複数の図面を送って案内する約束をし、いざ来店すると、「そちらは決まってしまったんですよ」などと言って案内件数を減らす。遠来のお客の場合、下見の機会が少ないのですぐに決めると思っている。サイナラ〜。

「から電話」トーク

案内のとき、お客が契約を迷っている場面はとても多い。すかさずそのとき、営業マンの電話が鳴る。他のお客からの電話を装い、「別のお客さんが決めるかもしれないとのことです。先に決めたほうがいいですよ」と、決断の催促をする。なんのことはない、その電話は、本人によるアラームだ。同僚にかけてもらう場合もアリ。役者になれば？

手付金をとる

契約する前に、手付金、預かり金を要求する不動産屋。押されて払ってしまった場合は必ず領収書をとっておくこと。手付金は、契約段階で仲介手数料や敷金礼金の一部にあてられなくてはならない。もしそれがされない、また申し込みをキャンセルした場合に返金がなかったら、「宅地建物取引業法」違反になる。すぐに宅建業協会に通報だ！

「重要事項説明」を録音音声で読み上げる

重要事項説明とは、「契約前に宅建有資格者が主任者証を見せて、契約上の重要事項について借主に説明すること」。宅建業法にもとづき、書面にして説明することが義務付けられている、不動産屋が行う最重要な仕事だ。音声とは手抜きもはなはだしい。

「自分で見て来て」

「今、忙しいから」と、間取り資料と地図とカギを渡されて、「自分で見て来てください」と言われる。学生や若い借主がこんな目にあうことが多い。完全になめられている。

なんとかしようよ、この業界。安住はん、日吉クン、なぜにこんな業者が多いの？

「カネカネカネの世界だからです。儲けるためだけにやっている人が大半なんです」

とトホホ声で話すふたり。こうなれば、それを知ったうえで自分の知恵と足で立ち向かい、なんとしても快適な部屋と暮らしをゲットしよう！

14話 カシコイ部屋探し術5か条

その1 希望の条件をリスト化する

「不動産屋の仕事は、お客さんの希望条件に適した選択肢を提供すること」と安住はん。いい不動産屋は、この選択肢の与えかたがウマイ。

アナタのほうは「こんな部屋を借りたい！」という条件をはっきりさせておこう。「**エリア**」「**駅から徒歩○分まで**」「**階数**」「**広さ**（約20平米など）」「**間取り**（ワンルーム、1DKなど）」「**方角**」「**設備**（オートロック、バストイレ別など）」「**賃料**」「**敷金・礼金の条件**（礼金ゼロを希望など）」「**その他の条件**（ペットを飼いたいなど）」「**環境**（閑静なところ、繁華街に近いなど）」、さらに「**過去の失敗**（北向きはダメなど）」を個条書きにして持参すると話は伝わりやすいし、真剣なキモチを伝えることができる。

その2 成功の秘訣は「どこを妥協するか」

部屋探しのビギナーは、「家賃5万円でぇ新築でぇ5階以上でぇ駅から近くてぇオシャレでぇ浴室乾燥機があってぇ……」と条件を並べる人は多いが、これ、無茶でっせ。

部屋探しの最大テクは、「妥協点にあり」だ、ホント。世の中、たいていの人が理想の条件のうち、何かをあきらめている。そりゃ「お家賃？　100万ぐらいね」とか、相場の何倍もの予算を堂々と言えるなら別だが、ないんだから、どこを妥協するか。そして、どこにこだわるか。いい部屋をゲットするには、自己コントロールがキモなのだ。

「5階以上は絶対条件。でも、古くてもいい」など、条件には優先順位をつけておこう。

その3 不動産屋から見た、よいお客とは!?

「よいお客さんとは、真剣に探している人。わたしたちの意見、アドバイスに耳を傾けてくれる人です」by安住はん&日吉クン。お客の熱意と不動産屋の親身。シナジーだ。

それに、何と言っても、「家賃をきちんと払ってくれるか」「人に迷惑をかけそうにないか」を見ているとか。よって、不動産屋を訪れるときや下見の際にはそれなりの服装をし、ことばづかい、立ち居ふるまいに気を配ろう。就活気分がカシコイかも。

その4 仲介手数料半額、ゼロゼロ物件のココに注意!

「仲介手数料0・5か月分」「敷金礼金がゼロ円」（ゼロゼロ物件）になるサービスが出回っている。手数料半額といっても残りの半額分は家主からとっているのをご存知？つまり自腹ではないってわけ。なのに「サービス！」と客寄せする手法はどうだか。

食いつきたくなるキモチは痛いほどわかる。でも、それだけで決めるのはちょっと待って！　格安物件にはウラがある。「4話 事件や事故があった部屋〜」（P.36〜）をもう一度読んでほしい。だいたい、人気がある物件が長く残っているわけがない。安さに気をとられていると、マイナス面が見えずにけっきょく損をすることになりがちだ。

相場より安い部屋を見つけたときは必ず、格安な理由を聞いてから話を進めよう。

勤務先をカネで売る業者

フリーターや水商売、トビ職人など、定職がなくて部屋を借りにくい人のための「ダミー会社」というものがある。

審査書類の勤務先に「○○商事株式会社」などと書いておき、オーナー側や管理会社から「本当に在籍しているかどうか」の電話がかかってきたら、さわやかな女性の声で「はい、××はただいま外出しておりまして、本日は直帰いたします」などと返答する。

そのダミー会社は、部屋を仲介した不動産屋が行っている場合が多く、礼金を２倍にして差額をネコババ、家賃は普通より１割～３割増しにして集金する、などを代償としている。

その5 こっそり教えます

「上手な家賃交渉のテク　5つの法則」

みなさん、金持ちなら払ってあげてください、家賃の満額。そうもいかないみなさん、自分で家賃の交渉をしてみよう。安住はんいわく「今は借り手市場の時代、家賃交渉は当たりまえです。これも不動産屋の仕事として動く業者は信用できます」。

すべての家主が応じてくれるわけではないが、日々の生活がかかっているアナタ、ダメモトで話をしてみよう。成功の秘ケツは、誠意ある姿勢だ。

法則❶「この部屋に決める」と決意したときに交渉する

なにごともタイミングが大切。ココに決めようと思った最終段階で伝えるのがカシコイ交渉テクだ。「この部屋が気に入りました！　予算を必死で上乗せして、共益費を含めて10万円ならすぐに決めることができるのですが」など、自分の努力を伝えたうえで交渉する。ただし、15万円の家賃を「5万円に」など極端な値切りは速攻で断られる。

また、「入居後はきちんと払う」ことが最大のテクだと心得よう。

法則❷「礼金」を下げてもらう

最近の賃貸物件の潮流は、礼金がゼロ円ということ。「礼金がゼロという部屋もあったのですが、こちらのほうがダンゼンいいですね。でも今、まとまったお金をあまり用

意できないので、少しでも下げていただけないものでしょうか」と伝えてみよう。
ただし、家賃も礼金も、「両方とも下げてくれ」はアツカマシイだけなのでＮＧね。

法則❸ 相場を知れ

周囲の部屋を複数見て、自分の足で相場を勉強したことを伝える。「デキるお客」「本気だ」という印象を与えるのだ。また、家主にすれば「きちんと家賃を支払ってくれそうか」が勝負なので、「家賃滞納などしたことがない」ということも伝える。

法則❹ 設備の交換、拡充を依頼する

金額だけではなく、キッチンやバスルームが汚いなど、他と比較して設備が劣る場合は、「この部屋に決めたいが、お風呂が今の部屋より汚れているのが残念。水まわりはきれいに使いたい」と、自分が設備に対して前向きに使う姿勢でいることを伝える。

法則❺ 部屋をほめてから交渉すること

「汚いし暗いし、まけて〜」じゃタダの文句言い。相手にされない。「この物件の〇〇や〇〇〇なところが気に入って決めたいんです」という前置きが大重要なのである。

最後にひとこと！ 「部屋探しは、ねばったものが勝つ！」

あとがき

大家業は五重苦

朝日奈ゆか　東條さんは、漫画家であると同時に、「大家さん」なんですよね。自分ルポの『主婦でも大家さん』（朝日新聞出版）というコミックを描いてはりますねー。大家業はどうですか？

東條さち子　筆舌に尽くしがたいほど、厳しいです。その本にも書きましたけど「家賃収入はすべてローンでパー」ですから。大家＝金持ちなんて、一部の人だけのイメージですよ〜。

朝日奈　憧れの不労所得だったのでしょう？

東條　はい、でも現実はひどい苦労所得です。2棟のマンションが全室うまってても毎月10万円の利益があるかどうか……。

朝日奈　しかも、**ドロボーに入られる**わ、**家賃滞納されるわ**、**居座られる**わ、の三重苦とか？

東條　**夜逃げ**やら**騒音トラブル**を加えて五重苦以上です。銀行や不動産屋、工事関係者との駆け引きだけでも心身が消耗するのに、入居者のトラブル対応は、まさに苦行です。

朝日奈　ご苦労さまでござんす。やっぱ『主婦でも大家さん』はノンフィクションですか？

東條　はい〜、この本と同じく「本当にあった怖い話」です。

朝日奈　（両手を合わせて）南無〜。

この本は、ブラック物件の情報から生まれた

朝日奈　この本は、主演の安住はんのモデルとなった大阪の不動産屋の友人・穂積啓子さんに、「心理的瑕疵物件」の存在を教えてもらったことから企画したものです。「瑕疵〜？　なんでっかそれ〜、すごい字ヅラですなあー」と、興味がわきました。いわゆる「ブラック部屋」が日本中にあふれているという社会的な現象に触れたことがきっかけです。

東條　うっ、それ、4話（P.36）で描きましたけど、うちのような薄利大家は、部屋で自殺や流血事件でも起こされようもンなら、破産しますよ。即、破産。

朝日奈　一家離散。

東條　こっちが死別。死体が増える。

朝日奈　東條さんのマンションでブラック部屋になるような事件があったらどう対処します？　この本にあるように、「ニセ入居でごまかすアコギな大家が多い」（P.42）のが今のニッポンの現状のようですが。

東條　……（伏目で沈黙）。

朝日奈　（しつこく）どうしますかっ!?

東條　あ、安住はんの言うとおり、隠しても近所のウワサでどうせ伝わりますから、ちゃんと事前に告知しますよ～。うっ。

大家にとっていちばんツライこととは？

朝日奈　**家賃を滞納される**のと、**夜逃げされる**のと、**ゴミ部屋にされる**のと、どれがいちばんつらいですか？

東條　（ヒクヒクして）ど、どれもつらいです。ひとつだけでも生きた心地がしないです～。

朝日奈　では質問を変えます。「入居者に望むベスト３は？」

東條　はあ……。まず、**生きていてください**。

朝日奈　へっ？

東條　ひとーつ！（急に力を入れて）**部屋で自殺や刃傷沙汰だけはやめてくださーい**。

朝日奈　ブラック部屋禁止！

東條　ふたーつ！　**家賃を約束の日に払ってくださーい**。お願いしまーす。

朝日奈　お願いしまーす。

東條　みーっつ、**いい人は、できるだけ長く住んでくださーい**。

朝日奈　やっぱり、出て行かれるのはつらいですか？

東條　胸が痛み、財布が泣きます。いい人に長く住んでもらうのが私のささやかな願いです。

朝日奈　この本の話は、今の時代、ヒトゴトではすまされないですね。ワタシはそれを伝えたかったのでございます。自分の暮らしは自分で交渉し、自分で守ろう！　と。

東條　まさに。漫画を読んで笑っているうちが華です。明日はわが身の事件ばかりですから。

朝日奈　この本を手にとってくださったみなさーん、本当にありがとうございます！　部屋探しと暮らしのトラブル対策集として、お役に立てることを願っています！　一家に一冊です！

　この本をつくるにあたり、安住はん、日吉クンには大変お世話になりました。また、装丁・デザインの佐々木早奈さん、漫画アシスタントの佐野豊さん、編集を担ったわが社・ユンブルの品川緑、岩田なつき、そして、終始一貫、われわれを支えてくださった東京書籍の岡本知之さん！　彼がいなければ本書は世に出ることはありませんでした。みなさまに心よりお礼を申し上げます。

東條　お礼を申し上げます！

２０１０年６月良い日

原作・文

朝日奈ゆか　あさひな　ゆか

大阪市生まれ。不動産、教育、健康などの分野で活躍中の編集者、エッセイスト。子どもと学生の部屋研究家。著書の『これが東大生・京大生の部屋だ！』（扶桑社）は、東大の書店・文芸部門でベストセラーに入って話題に。'90年、編集企画制作の株式会社ユンブルを設立、同社代表取締役。家庭教師派遣・音羽太子橋会代表。趣味は部屋と天体観測と阪神タイガースで、阪神の私設応援団「猛虎魂会」会長。著書に『阪神タイガースファン名言珍言集～幸せのヒミツ』（中経出版）ほか。http://www.yumble.com/

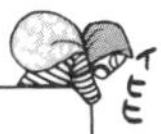

漫画

東條さち子　とうじょう　さちこ

徳島市生まれ。マンガ家。埼玉県でマンション、アパートを経営する大家さんでもあり、著書の自分ルポ・コミックエッセイ『主婦でも大家さん～頭金100万円でアパートまるごと買う方法』（朝日新聞出版）は素人が不動産投資するとこんなにタイヘンということで一般人、不動産業界でも話題に。趣味は音楽ゲームの『Dance Dance Revolution』。ダンナとムスメとインコ6匹暮らし。「インコマンガ」も得意で著書に『日々トリさん』（インターズー）、『極道！赤んぼダイアリー1・2』（竹書房）ほか。

STAFF
企画・構成／ユンブル（品川緑、岩田なつき）
装丁・アートディレクション・本文デザイン／佐々木早奈
漫画アシスタント／佐野豊
編集協力／穂積啓子、東京ダノイ

不動産屋は見た!
部屋探しのマル秘テク、教えます

2010年7月12日　第1刷発行

原作・文　朝日奈ゆか
漫画　東條さち子
発行者　川畑慈範
発行所　東京書籍株式会社
東京都北区堀船2-17-1　〒114-8524
電話 03-5390-7531（営業）
03-5390-7515（編集）

印刷・製本 株式会社リーブルテック

ISBN978-4-487-80464-1 C0095

東京書籍ホームページ　http://www.tokyo-shoseki.co.jp

本書の内容は実際にあった話ですが、個人情報が特定されないよう、人物設定、背景などは一部変更してあります。